INTRODUCCIÓN

La programación en Python es una de las habilidades más valiosas que cualquier persona puede adquirir en la era digital. Con una sintaxis clara y legible, Python se ha convertido en el lenguaje de elección para programadores principiantes y expertos por igual. Su versatilidad y facilidad de uso lo han hecho omnipresente en una amplia variedad de aplicaciones, desde el desarrollo web hasta la inteligencia artificial y la ciencia de datos.

Este libro está diseñado para llevarlo en un emocionante viaje a través de los conceptos básicos de Python, desde cero hasta un nivel en el que se sentirá cómodo resolviendo problemas de programación de nivel básico. Ya sea que sea un principiante completo o alguien que busca consolidar sus fundamentos, este libro tiene algo para usted.

Nuestro enfoque se basa en la práctica activa. A medida que avance en este libro, no solo aprenderá los conceptos teóricos de Python, sino que también aplicará esos conocimientos a través de una serie de ejercicios cuidadosamente diseñados. Cada ejercicio está diseñado para desafiarte, pero al mismo tiempo para proporcionarte una comprensión sólida y gradual de Python.

CONTENIDO

Ejercicios de Entrada de Datos

En estos ejercicios, el programa solicita al usuario que ingrese su nombre utilizando la función `input()`. Luego, toma ese nombre ingresado y lo muestra en un mensaje de saludo personalizado utilizando la función `print()`. Este ejercicio es una introducción simple a la entrada de datos y la impresión de mensajes en Python.

Ejercicio 1: Saludo Personalizado

Descripción: Solicita al usuario que ingrese su nombre y muestra un mensaje de saludo personalizado.

Solución:

```python
nombre = input("Por favor, ingresa tu nombre: ")
print("Hola,", nombre, "! Bienvenido a Python.")
```

Ejercicio 2: Calculadora Simple

Descripción: Pide al usuario que ingrese dos números y realice una operación de suma.

Solución:

```python
num1 = float(input("Ingresa el primer número: "))
```

```
num2 = float(input("Ingresa el segundo número: "))
resultado = num1 + num2
print("La suma es:", resultado)
```

Ejercicio 3: Conversión de Moneda

Descripción: Solicita una cantidad en dólares y conviértela a euros (suponiendo una tasa fija).

Solución:

```
dolares = float(input("Ingresa la cantidad en dólares: "))
tasa_cambio = 0.85
euros = dolares * tasa_cambio
print("Eso equivale a", euros, "euros.")
```

Ejercicio 4: Calculadora de Edad

Descripción: Pregunta al usuario su año de nacimiento y calcula su edad.

Solución:

```
anio_nacimiento = int(input("Ingresa tu año de nacimiento: "))
edad = 2023 - anio_nacimiento
print("Tienes", edad, "años.")
```

Ejercicio 5: Conversión de Temperatura

Descripción: Convierte una temperatura en grados Celsius a grados Fahrenheit.

Solución:

```
celsius = float(input("Ingresa la temperatura en grados Celsius: "))
fahrenheit = (celsius * 9/5) + 32
print("Eso es igual a", fahrenheit, "grados Fahrenheit.")
```

Ejercicio 6: Calculadora de IMC (Índice de Masa Corporal)

Descripción: Pide al usuario su peso en kilogramos y su altura en metros, luego calcula su IMC.

Solución:

```
peso = float(input("Ingresa tu peso en kg: "))
altura = float(input("Ingresa tu altura en metros: "))
imc = peso / (altura ** 2)
print("Tu IMC es:", imc)
```

Ejercicio 7: Conversión de Longitud

Descripción: Convierte una longitud en metros a pies.

Solución:

```python
metros = float(input("Ingresa la longitud en metros: "))
pies = metros * 3.281
print("Eso es igual a", pies, "pies.")
```

Ejercicio 8: Área de un Triángulo

Descripción: Pide al usuario la base y la altura de un triángulo y calcula su área.

Solución:

```python
base = float(input("Ingresa la base del triángulo: "))
altura = float(input("Ingresa la altura del triángulo: "))
area = (base * altura) / 2
print("El área del triángulo es:", area)
```

Ejercicio 9: Verificar Mayor o Menor

Descripción: Lee dos números y muestra un mensaje indicando cuál es mayor o si son iguales.

Solución:

```python
num1 = float(input("Ingresa el primer número: "))
num2 = float(input("Ingresa el segundo número: "))
if num1 > num2:
    print(num1, "es mayor que", num2)
elif num1 < num2:
    print(num2, "es mayor que", num1)
else:
    print("Ambos números son iguales.")
```

Ejercicio 10: Calculadora de Descuento

Descripción: Pide al usuario el precio de un producto y un porcentaje de descuento, luego calcula el precio final con descuento.

Solución:

```python
precio = float(input("Ingresa el precio del producto: "))
descuento = float(input("Ingresa el porcentaje de descuento: "))
precio_final = precio - (precio * (descuento / 100))
print("El precio con descuento es:", precio_final)
```

Ejercicios de Cadena

En estos ejercicios, el programa utiliza la función `len()` para contar la cantidad de caracteres en la cadena de texto ingresada por el usuario. Luego, muestra el resultado. Este ejercicio es una introducción simple al manejo básico de cadenas en Python y cómo se puede calcular la longitud de una cadena.

Ejercicio 1: Conteo de Caracteres

Descripción: Pide al usuario que ingrese una palabra o frase y muestra cuántos caracteres tiene en total, incluyendo espacios.

Solución:

```python
# Solicitar al usuario que ingrese una palabra o frase
texto = input("Ingresa una palabra o frase: ")

# Calcular la cantidad de caracteres
conteo_caracteres = len(texto)

# Mostrar el resultado
print("El número total de caracteres es:", conteo_caracteres)
```

Ejercicio 2: Longitud de una Cadena

Descripción: Pide al usuario que ingrese una frase y muestra la longitud (número de caracteres) de la frase.

Solución:

```python
frase = input("Ingresa una frase: ")
longitud = len(frase)
print("La longitud de la frase es:", longitud, "caracteres.")
```

Ejercicio 3: Mayúsculas y Minúsculas

Descripción: Pide al usuario que ingrese una palabra y muestra la misma palabra en mayúsculas y minúsculas.

Solución:

```python
palabra = input("Ingresa una palabra: ")
mayusculas = palabra.upper()
minusculas = palabra.lower()
print("En mayúsculas:", mayusculas)
print("En minúsculas:", minusculas)
```

Ejercicio 4: Conteo de Vocales

Descripción: Solicita al usuario que ingrese una palabra y cuenta cuántas vocales contiene.

Solución:

```python
palabra = input("Ingresa una palabra: ")
vocales = "aeiouAEIOU"
conteo = 0
for letra in palabra:
    if letra in vocales:
        conteo += 1
print("La palabra tiene", conteo, "vocales.")
```

Ejercicio 5: Invertir una Cadena

Descripción: Pide al usuario que ingrese una palabra y muestra la palabra invertida.

Solución:

```python
palabra = input("Ingresa una palabra: ")
palabra_invertida = palabra[::-1]
print("La palabra invertida es:", palabra_invertida)
```

Ejercicio 6: Concatenación de Cadenas

Descripción: Pide al usuario que ingrese dos palabras y muestra una frase que las contenga concatenadas.

Solución:

```
palabra1 = input("Ingresa la primera palabra: ")
palabra2 = input("Ingresa la segunda palabra: ")
frase = palabra1 + " " + palabra2
print("La frase es:", frase)
```

Ejercicio 7: Sustitución de Palabras

Descripción: Solicita al usuario que ingrese una frase y una palabra. Luego, reemplaza todas las apariciones de la palabra en la frase con "Python".

Solución:

```
frase = input("Ingresa una frase: ")
palabra = input("Ingresa una palabra para reemplazar: ")
nueva_frase = frase.replace(palabra, "Python")
print("La nueva frase es:", nueva_frase)
```

Ejercicio 8: Separación de Palabras

Descripción: Pide al usuario que ingrese una frase y muestra cada palabra en la frase en líneas separadas.

Solución:

```python
frase = input("Ingresa una frase: ")
palabras = frase.split()
for palabra in palabras:
    print(palabra)
```

Ejercicio 9: Conteo de Palabras

Descripción: Solicita al usuario que ingrese una frase y cuenta cuántas palabras contiene.

Solución:

```python
frase = input("Ingresa una frase: ")
palabras = frase.split()
conteo = len(palabras)
print("La frase tiene", conteo, "palabras.")
```

Ejercicio 10: Eliminación de Espacios en Blanco

Descripción: Pide al usuario que ingrese una frase con espacios en blanco al principio y al final, y muestra la misma frase sin esos espacios.

Solución:

```python
frase = input("Ingresa una frase con espacios en blanco: ")
frase_sin_espacios = frase.strip()
print("La frase sin espacios en blanco es:", frase_sin_espacios)
```

Ejercicios de Condicionales

Estos ejercicios son simples y están diseñados para ayudar a los principiantes a practicar el uso de condicionales en Python.

Ejercicio 1: Número Par o Impar

Descripción: Pide al usuario que ingrese un número e imprime si es par o impar.

Solución:

```python
numero = int(input("Ingresa un número: "))
if numero % 2 == 0:
    print("Es un número par.")
else:
    print("Es un número impar.")
```

Ejercicio 2: Mayor de Dos Números

Descripción: Solicita al usuario que ingrese dos números y muestra cuál es el mayor.

Solución:

```python
num1 = float(input("Ingresa el primer número: "))
num2 = float(input("Ingresa el segundo número: "))
if num1 > num2:
    print(num1, "es mayor.")
```

```
elif num2 > num1:
    print(num2, "es mayor.")
else:
    print("Ambos números son iguales.")
```

Ejercicio 3: Calificación de un Examen

Descripción: Pide al usuario que ingrese una calificación y muestra si aprobó o reprobó (por ejemplo, aprobado si la calificación es mayor o igual a 5).

Solución:

```
calificacion = float(input("Ingresa tu calificación: "))
if calificacion >= 5:
    print("Aprobado.")
else:
    print("Reprobado.")
```

Ejercicio 4: Determinar el Signo de un Número

Descripción: Solicita al usuario que ingrese un número y muestra si es positivo, negativo o cero.

Solución:

```
numero = float(input("Ingresa un número: "))
if numero > 0:
    print("Es un número positivo.")
elif numero < 0:
    print("Es un número negativo.")
else:
```

```
print("Es cero."
```

Ejercicio 5: Determinar si un Número es Múltiplo de 3 o 5

Descripción: Pide al usuario que ingrese un número y muestra si es múltiplo de 3 o de 5.

Solución:

```python
numero = int(input("Ingresa un número: "))
if numero % 3 == 0 and numero % 5 == 0:
    print("Es múltiplo de 3 y 5.")
elif numero % 3 == 0:
    print("Es múltiplo de 3.")
elif numero % 5 == 0:
    print("Es múltiplo de 5.")
else:
    print("No es múltiplo de 3 ni de 5.")
```

Ejercicio 6: Ordenar Tres Números

Descripción: Solicita al usuario que ingrese tres números y muestra los números ordenados de menor a mayor.

Solución:

```python
num1 = float(input("Ingresa el primer número: "))
num2 = float(input("Ingresa el segundo número: "))
num3 = float(input("Ingresa el tercer número: "))
numeros_ordenados = sorted([num1, num2, num3])
```

```
print("Números ordenados:", numeros_ordenados)
```

Ejercicio 7: Calcular el Precio con Descuento

Descripción: Pide al usuario que ingrese el precio de un producto y un porcentaje de descuento, luego calcula el precio final con descuento.

Solución:

```
precio = float(input("Ingresa el precio del producto: "))
descuento = float(input("Ingresa el porcentaje de descuento: "))
precio_final = precio - (precio * (descuento / 100))
print("El precio con descuento es:", precio_final)
```

Ejercicio 8: Determinar si un Año es Bisiesto

Descripción: Solicita al usuario que ingrese un año y muestra si es bisiesto o no (un año es bisiesto si es divisible por 4, excepto si es divisible por 100 pero no por 400).

Solución:

```
anio = int(input("Ingresa un año: "))
if (anio % 4 == 0 and anio % 100 != 0) or (anio % 400 == 0):
    print("Es un año bisiesto.")
else:
    print("No es un año bisiesto.")
```

Ejercicio 9: Determinar si un Carácter es Vocal o Consonante

Descripción: Pide al usuario que ingrese un carácter (letra) y muestra si es una vocal o una consonante.

Solución:

```python
caracter = input("Ingresa un carácter: ")
if caracter in "aeiouAEIOU":
    print("Es una vocal.")
else:
    print("Es una consonante.")
```

Ejercicio 10: Calculadora Simple

Descripción: Solicita al usuario que ingrese dos números y una operación (suma, resta, multiplicación o división) y muestra el resultado de la operación.

Solución:

```python
num1 = float(input("Ingresa el primer número: "))
num2 = float(input("Ingresa el segundo número: "))
operacion = input("Ingresa la operación (+, -, *, /): ")
if operacion == '+':
    resultado = num1 + num2
```

```python
elif operacion == '-':
    resultado = num1 - num2
elif operacion == '*':
    resultado = num1 * num2
elif operacion == '/':
    if num2 != 0:
        resultado = num1 / num2
    else:
        resultado = "No se puede dividir entre cero."
else:
    resultado = "Operación no válida."
print("Resultado:", resultado)
```

Ejercicios de Listas y Tuplas

Estos ejercicios son simples y están diseñados para ayudar a los principiantes a practicar el uso de listas y tuplas en Python.

Ejercicio 1: Contar hasta N

Descripción: Pide al usuario que ingrese un número N y muestra todos los números del 1 al N.

Solución:

```
n = int(input("Ingresa un número N: "))
for i in range(1, n + 1):
    print(i)
```

Ejercicio 2: Suma de Números Pares

Descripción: Pide al usuario que ingrese un número N y muestra la suma de todos los números pares del 1 al N.

```
Solución:
n = int(input("Ingresa un número N: "))
suma = 0
for i in range(2, n + 1, 2):
    suma += i
print("La suma de números pares hasta", n, "es:", suma)
```

Ejercicio 3: Tabla de Multiplicar

Descripción: Pide al usuario que ingrese un número N y muestra la tabla de multiplicar del 1 al 10 para ese número.

Solución:

```python
n = int(input("Ingresa un número N: "))
for i in range(1, 11):
    resultado = n * i
    print(n, "x", i, "=", resultado)
```

Ejercicio 4: Factorial de un Número

Descripción: Pide al usuario que ingrese un número N y muestra su factorial.

Solución:

```python
n = int(input("Ingresa un número N: "))
factorial = 1
for i in range(1, n + 1):
    factorial *= i
print("El factorial de", n, "es:", factorial)
```

Ejercicio 5: Conteo Regresivo

Descripción: Pide al usuario que ingrese un número N y muestra un conteo regresivo desde N hasta 1.

Solución:

```python
n = int(input("Ingresa un número N: "))
for i in range(n, 0, -1):
    print(i)
```

Ejercicio 6: Números Primos

Descripción: Pide al usuario que ingrese un número N y muestra si es un número primo o no.

Solución:

```python
n = int(input("Ingresa un número N: "))
es_primo = True
if n <= 1:
    es_primo = False
else:
    for i in range(2, n):
        if n % i == 0:
            es_primo = False
            break
if es_primo:
    print(n, "es un número primo.")
else:
    print(n, "no es un número primo.")
```

Ejercicio 7: Conteo de Dígitos

Descripción: Pide al usuario que ingrese un número y muestra cuántos dígitos tiene.

Solución:

```python
numero = int(input("Ingresa un número: "))
conteo = 0
while numero != 0:
    numero //= 10
    conteo += 1
print("El número tiene", conteo, "dígitos.")
```

Ejercicio 8: Suma de Dígitos

Descripción: Pide al usuario que ingrese un número y muestra la suma de sus dígitos.

Solución:

```python
numero = int(input("Ingresa un número: "))
suma = 0
while numero != 0:
    digito = numero % 10
    suma += digito
    numero //= 10
print("La suma de los dígitos es:", suma)
```

Ejercicio 9: Números de la Serie Fibonacci

Descripción: Pide al usuario que ingrese un número N y muestra los primeros N números de la serie Fibonacci.

Solución:

```python
n = int(input("Ingresa un número N: "))
a, b = 0, 1
for _ in range(n):
    print(a, end=" ")
    a, b = b, a + b
```

Ejercicio 10: Conteo de Números Pares e Impares

Descripción: Pide al usuario que ingrese una secuencia de números separados por espacios y muestra cuántos son pares y cuántos son impares.

Solución:

```python
secuencia = input("Ingresa una secuencia de números separados por espacios:
")
numeros = secuencia.split()
pares = 0
impares = 0
for num in numeros:
    numero = int(num)
    if numero % 2 == 0:
        pares += 1
    else:
        impares += 1
print("Números pares:", pares)
print("Números impares:", impares)
```

Ejercicios de Bucles.

Estos ejercicios son simples y están diseñados para ayudar a los principiantes a practicar el uso de bucles en Python.

Ejercicio 1: Suma de Elementos en una Lista

Descripción: Crea una lista de números y muestra la suma de todos los elementos en la lista.

Solución:

```
lista = [5, 10, 15, 20, 25]
suma = sum(lista)
print("La suma de los elementos en la lista es:", suma)
```

Ejercicio 2: Encontrar el Mayor Elemento en una Lista

Descripción: Crea una lista de números y muestra el número más grande en la lista.

Solución:

```
lista = [42, 17, 8, 94, 64]
mayor = max(lista)
print("El número más grande en la lista es:", mayor)
```

Ejercicio 3: Conteo de Elementos en una Lista

Descripción: Crea una lista de números y muestra cuántos elementos tiene la lista.

Solución:

```
lista = [3, 6, 9, 12, 15]
conteo = len(lista)
print("La lista tiene", conteo, "elementos.")
```

Ejercicio 4: Duplicar los Elementos de una Lista

Descripción: Crea una lista de números y duplica cada elemento en la lista.

Solución:

```
lista = [1, 2, 3, 4, 5]
lista_duplicada = [x * 2 for x in lista]
print("La lista duplicada es:", lista_duplicada)
```

Ejercicio 5: Encontrar el Índice de un Elemento en una Lista

Descripción: Crea una lista de nombres y muestra el índice de un nombre específico en la lista.

Solución:

```python
nombres = ["Alice", "Bob", "Charlie", "David", "Eve"]
nombre_buscar = "Charlie"
indice = nombres.index(nombre_buscar)
print("El índice de", nombre_buscar, "en la lista es:", indice)
```

Ejercicio 6: Concatenar Listas

Descripción: Crea dos listas y concaténalas en una sola lista.

Solución:

```python
lista1 = [1, 2, 3]
lista2 = [4, 5, 6]
lista_concatenada = lista1 + lista2
print("La lista concatenada es:", lista_concatenada)
```

Ejercicio 7: Eliminar Elemento de una Lista

Descripción: Crea una lista de nombres y elimina un nombre específico de la lista.

Solución:

```python
nombres = ["Alice", "Bob", "Charlie", "David", "Eve"]
nombre_eliminar = "David"
nombres.remove(nombre_eliminar)
print("La lista después de eliminar", nombre_eliminar, "es:", nombres)
```

Ejercicio 8: Tuplas de Coordenadas

Descripción: Crea una tupla que represente las coordenadas (x, y) de un punto en un plano.

Solución:

```
coordenadas = (3, 5)
print("Las coordenadas del punto son:", coordenadas)
```

Ejercicio 9: Recorrido de Lista con Bucle

Descripción: Crea una lista de nombres y utiliza un bucle para mostrar cada nombre en la lista.

Solución:

```
nombres = ["Alice", "Bob", "Charlie", "David", "Eve"]
for nombre in nombres:
    print(nombre)
```

Ejercicio 10: Sumar Elementos de una Lista

Descripción: Crea una lista de números y utiliza un bucle para sumar todos los elementos en la lista.

Solución:

```python
lista = [10, 20, 30, 40, 50]
suma = 0
for numero in lista:
    suma += numero
print("La suma de los elementos en la lista es:", suma)
```

Ejercicios de Diccionarios.

Estos ejercicios son simples y están diseñados para ayudar a los principiantes a practicar el uso de diccionarios en Python.

Ejercicio 1: Crear un Diccionario

Descripción: Crea un diccionario con información sobre una persona, como nombre, edad y ciudad de residencia.

Solución:

```python
persona = {
    "nombre": "Juan",
    "edad": 30,
    "ciudad": "Madrid"
}
print(persona)
```

Ejercicio 2: Acceder a Valores en un Diccionario

Descripción: Crea un diccionario con información sobre una persona y muestra uno de los valores, como el nombre.

Solución:

```python
persona = {
    "nombre": "Ana",
    "edad": 25,
    "ciudad": "Barcelona"
}
print("Nombre:", persona["nombre"])
```

Ejercicio 3: Modificar un Valor en un Diccionario

Descripción: Crea un diccionario con información sobre una persona y modifica uno de los valores, como la edad.

Solución:

```python
persona = {
    "nombre": "Luis",
    "edad": 40,
    "ciudad": "Sevilla"
}
persona["edad"] = 35
print(persona)
```

Ejercicio 4: Eliminar un Elemento en un Diccionario

Descripción: Crea un diccionario con información sobre una persona y elimina un elemento, como la ciudad.

Solución:

```python
persona = {
    "nombre": "María",
    "edad": 28,
    "ciudad": "Valencia"
}
del persona["ciudad"]
print(persona)
```

Ejercicio 5: Iterar a través de las Claves de un Diccionario

Descripción: Crea un diccionario con información sobre una persona y utiliza un bucle para mostrar todas las claves del diccionario.

Solución:

```python
persona = {
    "nombre": "Carlos",
    "edad": 35,
    "ciudad": "Málaga"
}
for clave in persona:
    print(clave)
```

Ejercicio 6: Iterar a través de los Valores de un Diccionario

Descripción: Crea un diccionario con información sobre una persona y utiliza un bucle para mostrar todos los valores del diccionario.

Solución:

```python
persona = {
    "nombre": "Laura",
    "edad": 29,
    "ciudad": "Zaragoza"
}
for valor in persona.values():
    print(valor)
```

Ejercicio 7: Iterar a través de los Ítems de un Diccionario

Descripción: Crea un diccionario con información sobre una persona y utiliza un bucle para mostrar todos los ítems (clave-valor) del diccionario.

Solución:

```python
persona = {
    "nombre": "Pedro",
    "edad": 32,
    "ciudad": "Bilbao"
}
for clave, valor in persona.items():
    print(clave, ":", valor)
```

Ejercicio 8: Comprobar si una Clave Existe en un Diccionario

Descripción: Crea un diccionario con información sobre una persona y verifica si una clave específica, como "nombre," existe en el diccionario.

Solución:

```python
persona = {
    "nombre": "Sofía",
    "edad": 27,
    "ciudad": "Alicante"
}
if "nombre" in persona:
    print("La clave 'nombre' existe en el diccionario.")
else:
    print("La clave 'nombre' no existe en el diccionario.")
```

Ejercicio 9: Conteo de Ítems en un Diccionario

Descripción: Crea un diccionario con información sobre una persona y muestra cuántos ítems (pares clave-valor) contiene el diccionario.

Solución:

```python
persona = {
    "nombre": "Javier",
    "edad": 33,
    "ciudad": "Murcia"
}
conteo = len(persona)
print("El diccionario tiene", conteo, "ítems.")
```

Ejercicio 10: Combinar dos Diccionarios

Descripción: Crea dos diccionarios con información sobre personas y combínalos en un solo diccionario.

Solución:

```python
persona1 = {
    "nombre": "Isabel",
    "edad": 22,
    "ciudad": "Granada"
}
persona2 = {
    "nombre": "Carlos",
    "edad": 28,
    "ciudad": "Valencia"
}
personas = {**persona1, **persona2}
print(personas)
```

Ejercicios de Funciones.

Estos ejercicios son simples y están diseñados para ayudar a los principiantes a practicar el uso de funciones en Python.

Ejercicio 1: Función de Saludo

Descripción: Crea una función que tome el nombre de una persona como argumento y devuelva un saludo personalizado.

Solución:

```python
def saludar(nombre):
    return f"Hola, {nombre}!"

nombre = input("Ingresa tu nombre: ")
mensaje = saludar(nombre)
print(mensaje)
```

Ejercicio 2: Función de Suma

Descripción: Crea una función que tome dos números como argumentos y devuelva la suma de esos números.

Solución:

```python
def suma(a, b):
    return a + b

num1 = float(input("Ingresa el primer número: "))
```

```
num2 = float(input("Ingresa el segundo número: "))
resultado = suma(num1, num2)
print("La suma es:", resultado)
```

Ejercicio 3: Función para Calcular el Área de un Triángulo

Descripción: Crea una función que tome la base y la altura de un triángulo como argumentos y devuelva su área (Área = 0.5 * base * altura).

Solución:

```
def area_triangulo(base, altura):
    return 0.5 * base * altura


base = float(input("Ingresa la base del triángulo: "))
altura = float(input("Ingresa la altura del triángulo: "))
area = area_triangulo(base, altura)
print("El área del triángulo es:", area)
```

Ejercicio 4: Función para Verificar Número Par

Descripción: Crea una función que tome un número como argumento y devuelva True si es par o False si es impar.

Solución:

```
def es_par(numero):
    return numero % 2 == 0


num = int(input("Ingresa un número: "))
if es_par(num):
    print("Es un número par.")
else:
```

```
    print("Es un número impar.")
```

Ejercicio 5: Función para Encontrar el Mayor de Dos Números

Descripción: Crea una función que tome dos números como argumentos y devuelva el número mayor.

Solución:

```
def mayor_de_dos(num1, num2):
    if num1 > num2:
        return num1
    else:
        return num2


num1 = float(input("Ingresa el primer número: "))
num2 = float(input("Ingresa el segundo número: "))
mayor = mayor_de_dos(num1, num2)
print("El número mayor es:", mayor)
```

Ejercicio 6: Función para Calcular el Factorial

Descripción: Crea una función que tome un número como argumento y devuelva su factorial.

Solución:

```
def factorial(numero):
    if numero == 0:
        return 1
    else:
        return numero * factorial(numero - 1)


num = int(input("Ingresa un número: "))
resultado = factorial(num)
print("El factorial de", num, "es:", resultado)
```

Ejercicio 7: Función para Contar Vocales en una Cadena

Descripción: Crea una función que tome una cadena como argumento y devuelva la cantidad de vocales en la cadena.

Solución:

```
def contar_vocales(cadena):
    vocales = "aeiouAEIOU"
    conteo = 0
    for letra in cadena:
        if letra in vocales:
            conteo += 1
    return conteo


texto = input("Ingresa una frase: ")
cantidad_vocales = contar_vocales(texto)
print("La frase tiene", cantidad_vocales, "vocales.")
```

Ejercicio 8: Función para Calcular el Promedio de una Lista de Números

Descripción: Crea una función que tome una lista de números como argumento y devuelva su promedio.

Solución:

```python
def promedio(lista):
    if len(lista) == 0:
        return 0
    suma = sum(lista)
    return suma / len(lista)


numeros = [10, 20, 30, 40, 50]
resultado = promedio(numeros)
print("El promedio de la lista es:", resultado)
```

Ejercicio 9: Función para Calcular el Área de un Círculo

Descripción: Crea una función que tome el radio de un círculo como argumento y devuelva su área (Área = π * radio^2).

Solución:

```python
import math

def area_circulo(radio):
    return math.pi * radio ** 2

radio = float(input("Ingresa el radio del círculo: "))
area = area_circulo(radio)
print("El área del círculo es:", area)
```

Ejercicio 10: Función para Revertir una Cadena

Descripción: Crea una función que tome una cadena como argumento y devuelva la cadena invertida.

Solución:

```python
def invertir_cadena(cadena):
    return cadena[::-1]

texto = input("Ingresa una palabra o frase: ")
resultado = invertir_cadena(texto)
print("La cadena invertida es:", resultado)
```

Ejercicios de Programación Funcional.

La programación funcional es un paradigma de programación que se enfoca en el uso de funciones y tipos de datos inmutables para realizar operaciones.

Estos ejercicios te ayudarán a familiarizarte con los conceptos básicos de la programación funcional en Python.

Ejercicio 1: Función de Mapeo

Descripción: Crea una función que tome una lista de números y devuelva una nueva lista con cada número multiplicado por 2.

Solución:

```python
def duplicar(numero):
    return numero * 2

numeros = [1, 2, 3, 4, 5]
nuevos_numeros = list(map(duplicar, numeros))
print(nuevos_numeros)
```

Ejercicio 2: Función de Filtrado

Descripción: Crea una función que tome una lista de números y devuelva una nueva lista con solo los números pares.

Solución:

```python
def es_par(numero):
    return numero % 2 == 0

numeros = [1, 2, 3, 4, 5, 6, 7, 8, 9, 10]
pares = list(filter(es_par, numeros))
print(pares)
```

Ejercicio 3: Función Reductora

Descripción: Crea una función que tome una lista de números y devuelva la suma de todos los elementos.

Solución:

```python
from functools import reduce

def suma(a, b):
    return a + b

numeros = [1, 2, 3, 4, 5]
resultado = reduce(suma, numeros)
print(resultado)
```

Ejercicio 4: Función Lambda

Descripción: Crea una función lambda que tome un número y devuelva su cuadrado.

Solución:

```python
cuadrado = lambda x: x**2
resultado = cuadrado(5)
print(resultado)
```

Ejercicio 5: Uso de map con Lambda

Descripción: Crea una lista de números y utiliza la función map con una función lambda para elevar cada número al cubo.

Solución:

```python
numeros = [1, 2, 3, 4, 5]
cubos = list(map(lambda x: x**3, numeros))
print(cubos)
```

Ejercicio 6: Uso de filter con Lambda

Descripción: Crea una lista de palabras y utiliza la función filter con una función lambda para filtrar las palabras que comienzan con la letra "a".

Solución:

```python
palabras = ["apple", "banana", "avocado", "grape", "apricot"]
comienzan_con_a = list(filter(lambda palabra: palabra.startswith('a'),
palabras))
print(comienzan_con_a)
```

Ejercicio 7: Uso de reduce con Lambda

Descripción: Crea una lista de números y utiliza la función reduce con una función lambda para calcular el producto de todos los números.

Solución:

```python
from functools import reduce

numeros = [1, 2, 3, 4, 5]
producto = reduce(lambda x, y: x * y, numeros)
print(producto)
```

Ejercicio 8: Función de Orden Superior

Descripción: Crea una función de orden superior llamada aplicar_funcion que tome una función y una lista, y aplique la función a cada elemento de la lista.

Solución:

```python
def aplicar_funcion(funcion, lista):
    return [funcion(elemento) for elemento in lista]

def cuadrado(x):
    return x**2

numeros = [1, 2, 3, 4, 5]
cuadrados = aplicar_funcion(cuadrado, numeros)
print(cuadrados)
```

Ejercicio 9: Función de Recursión

Descripción: Crea una función recursiva que calcule el factorial de un número.

Solución:

```python
def factorial(n):
    if n == 0:
        return 1
    else:
        return n * factorial(n - 1)

resultado = factorial(5)
print(resultado)
```

Ejercicio 10: Función de Generador

Descripción: Crea una función generadora que genere una secuencia de números pares infinita.

Solución:

```python
def numeros_pares_infinitos():
    num = 0
    while True:
        yield num
        num += 2

generador = numeros_pares_infinitos()
for _ in range(5):
    print(next(generador))
```

Ejercicios de Manejos de Archivos.

Estos ejercicios son simples y están diseñados para ayudar a los principiantes a practicar el manejo de archivos en Python.

Ejercicio 1: Crear un Archivo de Texto

Descripción: Crea un archivo de texto llamado "mi_archivo.txt" y escribe "Hola, mundo!" en él.

Solución:

```python
with open("mi_archivo.txt", "w") as archivo:
    archivo.write("Hola, mundo!")
```

Ejercicio 2: Leer un Archivo de Texto

Descripción: Lee el contenido del archivo "mi_archivo.txt" que creaste en el ejercicio anterior y muestra su contenido en la consola.

Solución:

```python
with open("mi_archivo.txt", "r") as archivo:
    contenido = archivo.read()
    print(contenido)
```

Ejercicio 3: Agregar Contenido a un Archivo

Descripción: Abre el archivo "mi_archivo.txt" en modo de agregado y agrega la línea "¡Este es un archivo de ejemplo!" al final del archivo.

Solución:

```python
with open("mi_archivo.txt", "a") as archivo:
    archivo.write("\n¡Este es un archivo de ejemplo!")
```

Ejercicio 4: Leer Líneas de un Archivo de Texto

Descripción: Lee y muestra todas las líneas del archivo "mi_archivo.txt" en la consola.

Solución:

```python
with open("mi_archivo.txt", "r") as archivo:
    lineas = archivo.readlines()
    for linea in lineas:
        print(linea.strip())  # .strip() elimina los saltos de línea
adicionales
```

Ejercicio 5: Contar Palabras en un Archivo

Descripción: Cuenta cuántas palabras hay en el archivo "mi_archivo.txt" (suponiendo que las palabras están separadas por espacios).

Solución:

```python
with open("mi_archivo.txt", "r") as archivo:
    contenido = archivo.read()
    palabras = contenido.split()
    cantidad_palabras = len(palabras)
    print("Cantidad de palabras:", cantidad_palabras)
```

Ejercicio 6: Copiar un Archivo

Descripción: Copia el contenido del archivo "mi_archivo.txt" en un nuevo archivo llamado "copia_mi_archivo.txt".

Solución:

```python
with open("mi_archivo.txt", "r") as archivo_original:
    contenido = archivo_original.read()

with open("copia_mi_archivo.txt", "w") as archivo_copia:
    archivo_copia.write(contenido)
```

Ejercicio 7: Eliminar un Archivo

Descripción: Elimina el archivo "copia_mi_archivo.txt" que creaste en el ejercicio anterior.

Solución:

```python
import os

if os.path.exists("copia_mi_archivo.txt"):
    os.remove("copia_mi_archivo.txt")
else:
    print("El archivo no existe.")
```

Ejercicio 8: Escribir una Lista en un Archivo

Descripción: Escribe una lista de frutas en un archivo llamado "frutas.txt," una fruta por línea.

Solución:

```python
frutas = ["manzana", "banana", "naranja", "uva", "mango"]

with open("frutas.txt", "w") as archivo:
    for fruta in frutas:
        archivo.write(fruta + "\n")
```

Ejercicio 9: Leer una Lista desde un Archivo

Descripción: Lee las frutas del archivo "frutas.txt" que creaste en el ejercicio anterior y almacénalas en una lista.

Solución:

```python
frutas_leidas = []

with open("frutas.txt", "r") as archivo:
    lineas = archivo.readlines()
    for linea in lineas:
        frutas_leidas.append(linea.strip())  # Elimina los saltos de línea

print(frutas_leidas)
```

Ejercicio 10: Concatenar Contenido de Archivos

Descripción: Crea dos archivos de texto llamados "archivo1.txt" y "archivo2.txt" con algún contenido. Luego, crea un tercer archivo llamado "archivo_concatenado.txt" y concatena el contenido de los dos primeros archivos en él.

Solución:

```python
with open("archivo1.txt", "w") as archivo1:
    archivo1.write("Contenido del archivo 1")

with open("archivo2.txt", "w") as archivo2:
    archivo2.write("Contenido del archivo 2")

with open("archivo1.txt", "r") as archivo1:
    contenido1 = archivo1.read()

with open("archivo2.txt", "r") as archivo2:
    contenido2 = archivo2.read()

with open("archivo_concatenado.txt", "w") as archivo_concatenado:
    archivo_concatenado.write(contenido1 + "\n" + contenido2)
```

Ejercicios de Depuración.

La depuración es una habilidad esencial en programación. Aquí tienes 10 ejercicios básicos de depuración en Python, ideales para principiantes:

Ejercicio 1: Error de Sintaxis

Descripción: El siguiente código tiene un error de sintaxis. Encuentra y corrige el error.

```
print("Hola, mundo"
```

Solución:

```
print("Hola, mundo")
```

Ejercicio 2: Error de Nombre de Variable

Descripción: El siguiente código tiene un error de nombre de variable. Encuentra y corrige el error.

```
mensaje = "Hola, mundo!"
print(Mensaje)
```

Solución:

```
mensaje = "Hola, mundo!"
print(mensaje)
```

Ejercicio 3: Error de Tipo de Dato

Descripción: El siguiente código tiene un error de tipo de dato. Encuentra y corrige el error.

```
numero = "10"
resultado = numero + 5
print(resultado)
```

Solución:

```
numero = "10"
resultado = int(numero) + 5
print(resultado)
```

Ejercicio 4: Error de Índice Fuera de Rango

Descripción: El siguiente código tiene un error de índice fuera de rango. Encuentra y corrige el error.

```
lista = [1, 2, 3]
elemento = lista[3]
print(elemento)
```

Solución:

```
lista = [1, 2, 3]
elemento = lista[2]
print(elemento)
```

Ejercicio 5: Depuración con Impresiones

Descripción: El siguiente código tiene un error lógico. Utiliza declaraciones print para depurarlo y encontrar el problema.

```
numero = 5
if numero > 10:
    resultado = "Mayor que 10"
else:
    resultado = "Menor que 10"
```

Solución:

```
numero = 5
if numero > 10:
    resultado = "Mayor que 10"
else:
    resultado = "Menor que 10"

print(resultado)  # Agrega esta línea para ver el valor de 'resultado'
```

Ejercicio 6: Uso Incorrecto de la Función

Descripción: El siguiente código intenta calcular el promedio de una lista de números, pero tiene un error en el uso de la función. Encuentra y corrige el error.

```
numeros = [1, 2, 3, 4, 5]
promedio = sum(numeros) / len(numeros)
print(promedio)
```

Solución:

```python
numeros = [1, 2, 3, 4, 5]
promedio = sum(numeros) / len(numeros)
print(promedio)
```

Ejercicio 7: Ciclo Infinito

Descripción: El siguiente código entra en un ciclo infinito. Encuentra el error y corrígelo para que el programa se detenga adecuadamente.

```python
numero = 10
while numero > 0:
    print(numero)
```

Solución:

```python
numero = 10
while numero > 0:
    print(numero)
    numero -= 1  # Agrega esta línea para reducir el valor de 'numero'
```

Ejercicio 8: Depuración con Pdb

Descripción: Utiliza el módulo pdb para depurar el siguiente código y encontrar el valor incorrecto de la variable resultado.

```
def suma(a, b):
    return a + b


numero1 = 5
numero2 = 10
resultado = suma(numero1, numero3)
print(resultado)
```

Solución:

```
import pdb

def suma(a, b):
    return a + b


numero1 = 5
numero2 = 10
pdb.set_trace()  # Agrega esta línea para iniciar la depuración
resultado = suma(numero1, numero2)
print(resultado)
```

Ejercicio 9: Comentarios Erróneos

Descripción: El siguiente código tiene un comentario incorrecto. Encuentra y corrige el comentario.

```
# Este programa calcula la resta de dos números
numero1 = 10
numero2 = 5
resultado = numero1 + numero2
print(resultado)
```

Solución:

```
# Este programa calcula la suma de dos números
numero1 = 10
numero2 = 5
resultado = numero1 + numero2
print(resultado)
```

Ejercicio 10: División por Cero

Descripción: El siguiente código intenta realizar una división, pero tiene un error cuando el divisor es cero. Encuentra y corrige el error.

```
dividendo = 10
divisor = 0
resultado = dividendo / divisor
print(resultado)
```

Solución:

```
dividendo = 10
divisor = 2  # Cambia el divisor a un valor distinto de cero
resultado = dividendo / divisor
print(resultado)
```

Ejercicios con Librería Pandas

Estos ejercicios te ayudarán a comenzar a trabajar con la biblioteca Pandas en Python y a realizar tareas básicas de manipulación de datos.

Ejercicio 1: Importar Pandas

Descripción: Importa la biblioteca Pandas y verifica que esté instalada en tu entorno.

Solución:

```
import pandas as pd
print(pd.__version__)
```

Ejercicio 2: Crear un DataFrame

Descripción: Crea un DataFrame simple a partir de una lista de diccionarios.

Solución:

```python
import pandas as pd

datos = [
    {"Nombre": "Juan", "Edad": 25},
    {"Nombre": "Ana", "Edad": 30},
    {"Nombre": "Luis", "Edad": 22}
]

df = pd.DataFrame(datos)
print(df)
```

Ejercicio 3: Leer un CSV

Descripción: Lee un archivo CSV llamado "datos.csv" y muestra su contenido.

Solución:

```python
import pandas as pd

df = pd.read_csv("datos.csv")
print(df)
```

Ejercicio 4: Seleccionar Columnas

Descripción: Dado un DataFrame con columnas "Nombre" y "Edad," selecciona solo la columna "Nombre."

Solución:

```python
import pandas as pd

datos = [
    {"Nombre": "Juan", "Edad": 25},
    {"Nombre": "Ana", "Edad": 30},
    {"Nombre": "Luis", "Edad": 22}
]

df = pd.DataFrame(datos)
nombres = df["Nombre"]
print(nombres)
```

Ejercicio 5: Filtrar Filas

Descripción: Dado un DataFrame, filtra las filas donde la edad sea mayor que 25.

Solución:

```python
import pandas as pd

datos = [
    {"Nombre": "Juan", "Edad": 25},
    {"Nombre": "Ana", "Edad": 30},
    {"Nombre": "Luis", "Edad": 22}
]

df = pd.DataFrame(datos)
filtro = df[df["Edad"] > 25]
print(filtro)
```

Ejercicio 6: Agregar una Nueva Columna

Descripción: Agrega una nueva columna llamada "Ciudad" a un DataFrame existente.

Solución:

```python
import pandas as pd

datos = [
    {"Nombre": "Juan", "Edad": 25},
    {"Nombre": "Ana", "Edad": 30},
    {"Nombre": "Luis", "Edad": 22}
]

df = pd.DataFrame(datos)
df["Ciudad"] = ["Madrid", "Barcelona", "Valencia"]
print(df)
```

Ejercicio 7: Calcular Estadísticas Básicas

Descripción: Dado un DataFrame con una columna numérica, calcula la media y la desviación estándar de esa columna.

Solución:

```python
import pandas as pd

datos = {
    "Edad": [25, 30, 22, 35, 28]
}

df = pd.DataFrame(datos)
```

```
media = df["Edad"].mean()
std = df["Edad"].std()
print("Media:", media)
print("Desviación Estándar:", std)
```

Ejercicio 8: Contar Valores Únicos

Descripción: Dado un DataFrame, cuenta cuántos valores únicos hay en una columna específica.

Solución:

```
import pandas as pd

datos = {
    "Color": ["Rojo", "Azul", "Verde", "Rojo", "Amarillo"]
}

df = pd.DataFrame(datos)
conteo_colores = df["Color"].nunique()
print("Cantidad de colores únicos:", conteo_colores)
```

Ejercicio 9: Agrupar y Sumar

Descripción: Dado un DataFrame con columnas "Ciudad" y "Ventas," agrupa los datos por ciudad y suma las ventas en cada ciudad.

Solución:

```
import pandas as pd

datos = {
```

```
    "Ciudad": ["Madrid", "Barcelona", "Madrid", "Valencia", "Barcelona"],
    "Ventas": [1000, 800, 1200, 600, 900]
}


df = pd.DataFrame(datos)
ventas_por_ciudad = df.groupby("Ciudad")["Ventas"].sum()
print(ventas_por_ciudad)
```

Ejercicio 10: Guardar en un CSV

Descripción: Dado un DataFrame, guárdalo en un archivo CSV llamado "resultados.csv."

Solución:

```
import pandas as pd

datos = {
    "Nombre": ["Juan", "Ana", "Luis"],
    "Edad": [25, 30, 22]
}

df = pd.DataFrame(datos)
df.to_csv("resultados.csv", index=False)
```

Ejercicios de Librería Matplotlib

Estos ejercicios te ayudarán a comenzar a trabajar con la biblioteca Matplotlib en Python y a crear diferentes tipos de gráficos para visualización.

Ejercicio 1: Importar Matplotlib

Descripción: Importa la biblioteca Matplotlib y verifica que esté instalada en tu entorno.

Solución:

```
import matplotlib.pyplot as plt
```

Ejercicio 2: Crear un Gráfico de Línea

Descripción: Crea un gráfico de línea simple con los siguientes datos: x = [1, 2, 3, 4, 5] e y = [10, 12, 5, 8, 9].

Solución:

```
import matplotlib.pyplot as plt
```

```
x = [1, 2, 3, 4, 5]
y = [10, 12, 5, 8, 9]

plt.plot(x, y)
plt.xlabel("Eje X")
plt.ylabel("Eje Y")
plt.title("Gráfico de Línea")
plt.show()
```

Ejercicio 3: Crear un Gráfico de Barras

Descripción: Crea un gráfico de barras con los siguientes datos: categorias = ['A', 'B', 'C', 'D'] e valores = [10, 15, 7, 12].

Solución:

```
import matplotlib.pyplot as plt

categorias = ['A', 'B', 'C', 'D']
valores = [10, 15, 7, 12]

plt.bar(categorias, valores)
plt.xlabel("Categorías")
plt.ylabel("Valores")
plt.title("Gráfico de Barras")
plt.show()
```

Ejercicio 4: Crear un Gráfico de Pastel

Descripción: Crea un gráfico de pastel con los siguientes datos: tamanos = [15, 30, 45, 10] y etiquetas = ['Manzanas', 'Plátanos', 'Naranjas', 'Fresas'].

Solución:

```python
import matplotlib.pyplot as plt

tamanos = [15, 30, 45, 10]
etiquetas = ['Manzanas', 'Plátanos', 'Naranjas', 'Fresas']

plt.pie(tamanos, labels=etiquetas, autopct='%1.1f%%')
plt.title("Gráfico de Pastel")
plt.show()
```

Ejercicio 5: Personalizar un Gráfico de Línea

Descripción: Personaliza un gráfico de línea creado previamente (del Ejercicio 2) agregando etiquetas a los ejes y un título.

Solución:

```python
import matplotlib.pyplot as plt

x = [1, 2, 3, 4, 5]
y = [10, 12, 5, 8, 9]

plt.plot(x, y)
plt.xlabel("Eje X")
plt.ylabel("Eje Y")
plt.title("Gráfico de Línea Personalizado")
plt.show
```

Ejercicio 6: Guardar un Gráfico en una Imagen

Descripción: Guarda el gráfico de línea creado en el Ejercicio 5 como una imagen en formato PNG.

Solución:

```python
import matplotlib.pyplot as plt

x = [1, 2, 3, 4, 5]
y = [10, 12, 5, 8, 9]

plt.plot(x, y)
plt.xlabel("Eje X")
plt.ylabel("Eje Y")
plt.title("Gráfico de Línea Personalizado")
plt.savefig("grafico.png")
```

Ejercicio 7: Crear un Gráfico de Dispersión

Descripción: Crea un gráfico de dispersión con los siguientes datos: x = [1, 2, 3, 4, 5] e y = [10, 12, 5, 8, 9].

Solución:

```python
import matplotlib.pyplot as plt

x = [1, 2, 3, 4, 5]
y = [10, 12, 5, 8, 9]
```

```
plt.scatter(x, y)
plt.xlabel("Eje X")
plt.ylabel("Eje Y")
plt.title("Gráfico de Dispersión")
plt.show()
```

Ejercicio 8: Crear un Histograma

Descripción: Crea un histograma con los siguientes datos: datos = [2, 3, 3, 4, 4, 4, 5, 5, 6, 6, 7].

Solución:

```
import matplotlib.pyplot as plt

datos = [2, 3, 3, 4, 4, 4, 5, 5, 6, 6, 7]

plt.hist(datos, bins=5)
plt.xlabel("Valores")
plt.ylabel("Frecuencia")
plt.title("Histograma")
plt.show()
```

Ejercicio 9: Crear un Subplot

Descripción: Crea un gráfico de línea y un gráfico de barras en un diseño de subparcelas (subplot).

Solución:

```python
import matplotlib.pyplot as plt

# Datos para el gráfico de línea
x = [1, 2, 3, 4, 5]
y = [10, 12, 5, 8, 9]

# Datos para el gráfico de barras
categorias = ['A', 'B', 'C', 'D']
valores = [10, 15, 7, 12]

# Crear subparcelas
plt.subplot(1, 2, 1)
plt.plot(x, y)
plt.xlabel("Eje X")
plt.ylabel("Eje Y")
plt.title("Gráfico de Línea")

plt.subplot(1, 2, 2)
plt.bar(categorias, valores)
plt.xlabel("Categorías")
plt.ylabel("Valores")
plt.title("Gráfico de Barras")

plt.tight_layout()
plt.show()
```

Ejercicio 10: Personalizar el Gráfico de Pastel

Descripción: Personaliza el gráfico de pastel creado en el Ejercicio 4 agregando una leyenda y un título.

Solución:

```python
import matplotlib.pyplot as plt

tamanos = [15, 30, 45, 10]
etiquetas = ['Manzanas', 'Plátanos', 'Naranjas', 'Fresas']

plt.pie(tamanos, labels=etiquetas, autopct='%1.1f%%')
plt.title("Gráfico de Pastel Personalizado")

# Agregar una leyenda
plt.legend(etiquetas, loc="best")

plt.show()
```